AF391378

Magie Noire

des

Forces Primaires

Unicursal

Copyright © 2020

Éditions Unicursal Publishers
www.unicursalpub.com

ISBN 978-2-89806-136-3

Première Édition, Beltane 2020

SATHIEL

NECRONOMICON

MAGIE NOIRE
DES
FORCES PRIMAIRES

UNICURSAL

LE SERMENT DU LIVRE DES OMBRES

NOMBREUSES sont les personnes attirées vers les pratiques de la MAGIE NOIRE. Mais pourquoi donc? L'explication est fort simple et les raisons sont légion. La magie noire confère un sentiment de force indicible et de supériorité sur autrui. Elle permet d'agir dans l'anonymat, sans être vu ni connu; de se faire justice soi-même; d'influencer les autres à son avantage; de se faire désirer; de posséder; de contrôler les Esprits. Elle permet d'assouvir ses plus profonds désirs et ses plus secrètes envies. Lorsque l'on associe MAGIE et NECRONOMICON, nous obtenons alors une symbiose parfaite, car cette magie noire est synonyme de pouvoir. Et ce pouvoir peut devenir vôtre grâce à ce livre.

Si vous connaissez un tant soit peu la magie, alors je vous dis tant mieux ; car ici, il ne sera pas question de faire un exposé ennuyeux sur les bases de la magie en général, ses traditions et d'où elle provient, ses différences et toutes les implications pour le néophyte, informations que l'on retrouve presque dans tous les ouvrages du genre *l'ABC du sorcier*. Vous devrez connaître un peu les sciences occultes ; à tout le moins vous y intéresser et avoir lu sur le sujet. Et c'est pour cette raison que je vais dores et déjà prendre pour acquis que ce livre de magie n'est pas le premier à vous tomber sous la main… cependant, il pourrait bien être le dernier que vous puissiez jamais avoir de besoin pour pratiquer efficacement les *Arts Noirs* associés au puissant Necronomicon.

Je ne vais pas vous expliquer tous les préceptes de la magie car ce livre est différent des autres ; son système n'est en rien comparable aux autres. Dans les pages qui suivent, vous comprendrez rapidement pourquoi *différent* peut être synonyme d'*efficacité*. Oui ce grimoire renferme de puissants arcanes et je vais vous en enseigner les rudiments de sorte que vous puissiez utiliser les Opérations des Arts contenues dans ce livre, et ce livre uniquement. Cette méthode procurera des résultats incroyables chez celui qui saura mettre à profit les informations que je vais dévoiler.

Si vous pensez avoir ce qu'il faut pour aller de l'avant et y mettre toute votre âme… et possiblement la perdre, car oui, une telle chose est malheureusement possible, alors suivez-moi à travers les pages de cet ouvrage et puissent les Dieux Anciens vous accorder toutes vos demandes. Puissent vos malédictions êtres percutantes, vos envoûtements foudroyants, que vos charmes vous apportent ce que cœur désire et que vos rêves les plus fous deviennent réalité.

SATHIEL

LES CINQ OPÉRATIONS MAGIQUES DU GRIMOIRE

LA science derrière la magie de ce livre est un dérivé de très anciennes et terribles pratiques provenant de l'antique Mésopotamie où la civilisation Sumérienne, reconnue comme le berceau de la société moderne, prospéra, dit-on en l'espace d'une nuit. Certaines de ses déités se retrouvent encore présentes de nos jours sous différents noms et aspects. Ces Êtres, ces Dieux Anciens, se trouvent également décrits dans de nombreuses tablettes et vieux manuscrits de même que dans plusieurs passages du fameux NECRONOMICON. La magie provenant de ce Tome devrait être interdite car elle est éminemment puissante. Quiconque dira le contraire ne l'a tout simplement jamais éprouvée. Les autres savent de quoi il en retourne. S'il existait différents degrés de magie noire, celle-ci est probablement l'une des plus féroces. En apparence, elle peut sembler anodine; qu'en surface, elle paraisse inoffensive. Cependant, dès que les Forces auront été éveillées et mise en mouvement, celui qui pratique les rituels devra être prêt; car à défaut de quoi, c'est tout comme s'il se tenait en plein sur des rails défiant un train fonçant sur lui à toute vitesse… Alors oui, je l'admets, travailler avec le concours de ces Entités est très dangereux, d'accord, mais les récompenses sont multiples. Quoi qu'il en soit, une chose demeure certaine : ces Forces Primaires sont très anciennes et toujours elles demeurent d'une puissance terrifiante.

Par ailleurs, j'ai indiqué précédemment que le pouvoir inhérent de ce livre était suffisant pour vous apporter tout ce que votre cœur pourrait convoiter et désirer de plus cher. Mais avant de vous lancer tête première dans les pratiques magiques, vous devez connaître certains principes essentiels afin de bien utiliser les formules contenues dans ce grimoire, sans quoi, vous ne parviendrez à aucun résultat probant, pire encore, votre magie pourrait se retourner contre vous. Car certes, aussi séduisants que puissent être ces Arts Noirs, sombre et très coûteuse est cette magie ; elle vous donnera tout d'un côté… afin de mieux vous reprendre de l'autre.

Il existe cinq Opérations magiques de base associées à cinq mots de pouvoir. À elles seules, ces dernières couvrent tous les domaines existentiels de l'âme de humaine :

L'Opération d'Amour ; pour se faire aimer.

L'Opération de Destruction ; pour détruire ses ennemis.

L'Opération du Succès ; pour tout réussir.

L'Opération d'Invisibilité ; pour se soustraire à la vie.

L'Opération de Mort ; pour communiquer avec les Esprits.

Toutes les autres pratiques magiques entrent dans le spectre de l'une ou l'autre des cinq Opérations énumérées. Par exemple, pour les amitiés, les amours, la sexualité, les relations interpersonnelles, les conflits entre deux parties, on utilisera *l'Opération d'Amour*.

Pour la guerre, la défense, la vengeance, l'attaque, pour maudire et faire souffrir, on pratiquera *l'Opération de Destruction*.

Pour obtenir de la chance, un emploi, de l'argent, prospérer, pour les affaires et le commerce, on pratiquera *l'Opération du Succès*.

Pour obtenir la paix, le calme et la sérénité, pour briser les sortilèges, chasser le mauvais œil, pour échapper aux Esprits et aux démons, on pratiquera *l'Opération d'Invisibilité*.

Pour la Nécromancie, le spiritisme, la divination et la communication avec les défunts, les coques, les démons et les évocations démoniaques, on choisira *l'Opération de Mort*.

S'il fallait que vous ayez un besoin à combler et, qu'en apparence, aucune Opération ne rencontre votre situation, regardez encore et utilisez votre matière grise. Tâchez de déterminer un lien avec l'une ou l'autre des cinq Opérations magiques de base. Examinez alors l'étoile à cinq branches, ce lien existe ; vous ne l'avez tout simplement pas trouvé. Vous êtes un humain et par définition, vous êtes imparfait. Sachez que cette quintessence, elle, est parfaite.

Maintenant que vous connaissez les cinq branches, les cinq Opérations de ce livre, vous devez apprendre à vous préparer avant de passer à l'acte magique. Lorsque vous pratiquerez les rituels, vous ferez appel à des forces obscures très anciennes. Elles sont puissantes et redoutables, et le Prêtre qui en fera usage se doit d'être prêt à recevoir le choc qui suivra une telle décharge imposante de courroux, de haine, de mal et d'impureté. Oui, il est fascinant de voir comment le côté sombre et caché de la nature est puissant. Il est l'allié du Prêtre de la nuit, du sorcier noir qui sait les *noms*, qui connaît les *symboles* et fait les *gestes*. Cette puissance magique est aussi puissante que la foudre, aussi destructrice que l'électricité à très haut voltage. Celui qui saura se protéger et manipuler adroitement ces courants sera en mesure d'accomplir de grandes choses, pour l'autre, il sera tout simplement électrocuté. Celui qui sait, aura le pouvoir sur la nuit et sur les morts. Celui qui est au fait du grimoire des ombres, pourra faire lever les os et la chair des cadavres ; il sera capable de se faire complice des nuits de toutes les femmes et des hommes; il sera une peste en affaire et un redoutable ennemi. Celui qui agit avec ce grimoire sera fort, puissant, craint des autres, mais il sera aussi damné. Est-ce que le jeu en vaut la chandelle? C'est à vous de le déterminer. Je ne fais que donner les formules et pointer le chemin à suivre. Je vous offre les symboles magiques qui existaient dans les ténèbres avant même que la pierre devienne un rocher, avant que les mers et les océans existent, avant que l'homme reconnaisse les dieux et les démons. Je suis un messager de l'autre monde, je suis le guide qui a traversé le Portails vers les Anciens, jusqu'aux Igigi. Je vous donne uniquement la marche à suivre. Pour le reste, sachez que ce que vous ferez n'en tiendra qu'à vous. Je ne pourrai être tenu responsable de vos malheurs. Je vous offre le savoir; je vous offre la puissance. Prenez tout, profitez-en, abusez-en… et payez-en le prix plus tard.

A PROPOS DES FORCES PRIMAIRES

La magie de ce livre est unique. Elle ressemble à d'autres formes de magie et, pourtant, elle est totalement différente. Possiblement que vous n'en avez jamais entendu parler jusqu'à aujourd'hui. Elle est étrange ; trop souvent diabolique même. Cette magie fait appel à des Forces Primaires, lesquelles se tapissent dans la nature depuis des millénaires. Ce sont des Ombres parmi les ombres, ce sont des Esprits, des Démons, ce sont des Élémentaux et d'autres Êtres qui ne possèdent même pas de noms connus, ce sont des courants d'énergies bruts, des Dieux qui sommeillent en attendant d'être éveillés par celui qui connaîtra les mots, les symboles et les gestes. Ces Forces sont extrêmement puissantes, voire dangereuses. Elles sont peu connues des magiciens et des sorciers ; par conséquent, *elles ont hâte d'être sollicitées* et de se mettre à l'œuvre, si l'on puis dire. Lorsque vous utiliserez la formule incantatoire et ferez les appels, forte chance qu'elles répondent promptement à vos supplications. Par ces trois actes, *paroles, symboles, gestes*, le Prêtre s'adonnant à une pratique sérieuse du grimoire sera en mesure de contraindre ces Entités, ces Forces obscures, afin de leur faire accomplir sa volonté.

Ce symbole est la marque des Forces Primaires, des Dieux Anciens. Il symbolise l'ensemble des Entités qu'il évoque. Ne soyez pas leurré par son aspect étrange ; cette signature est opérante beaucoup plus que vous ne pourriez jamais l'imaginer. Puisque vous êtes en train de vous familiariser avec ce système magique, sachez que pour le moment, il n'est pas nécessaire de comprendre sa parfaite signification, ni de connaître pourquoi ou comment il est si efficace, sinon que de savoir que lorsque ce symbole sera utilisé en conjonction du Sceau des Opérations magiques, il deviendra extrêmement important de l'avoir sous la main à tout moment, *sans exceptions*.

Pour représenter ces Forces Primaires, le Prêtre utilisera ce symbole :

Maintenant, sachez que pour chaque Opération magique il faudra également utiliser le symbole correspondant. Ils sont au nombre de cinq.

LES OPÉRATIONS MAGIQUES

OPÉRATION D'AMOUR

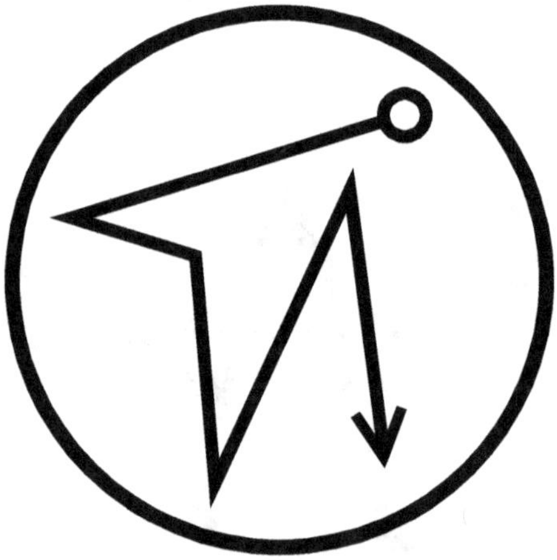

ARAMMU

ARAMMU est la Force qui agit pour toutes les causes d'union entre deux ou plusieurs parties. Le Prêtre évoquera cette Force Primaire lorsque l'amour, l'amitié et la bonne entente seront en jeu. Ces unions peuvent correspondre autant à un couple d'amoureux, qu'à des clans adverses, des partis politiques, des nations ou même des pays. Cette Force réuni ce qui est séparé ; tout ce qui concerne l'union entre plus d'une entité unique et définie sera du ressort de l'Opération d'ARAMMU. Cette Opération voit aussi à conclure les désirs charnels et sexuels, le désir de posséder le corps de l'autre, les jouissances du corps humain, les plaisirs à deux ou à plusieurs, la séduction et la convoitise, la fécondité, la gestation de même que les naissances, fruit des unions.

Dans un sens comme de l'autre, la Force ARAMMU est employée pour charmer autrui, pour plaire et se faire aimer, pour changer la discorde et la haine en amitié, lors des conflits entre deux parties, pour toutes les relations interpersonnelles, les pourparlers, les calomnies

et les mauvaises langues. Beaucoup d'autres ap-
plications seront possibles et ce sera au Prêtre à
les trouver, chose facile à faire avec un peu de
raisonnement.

OPÉRATION DE DESTRUCTION

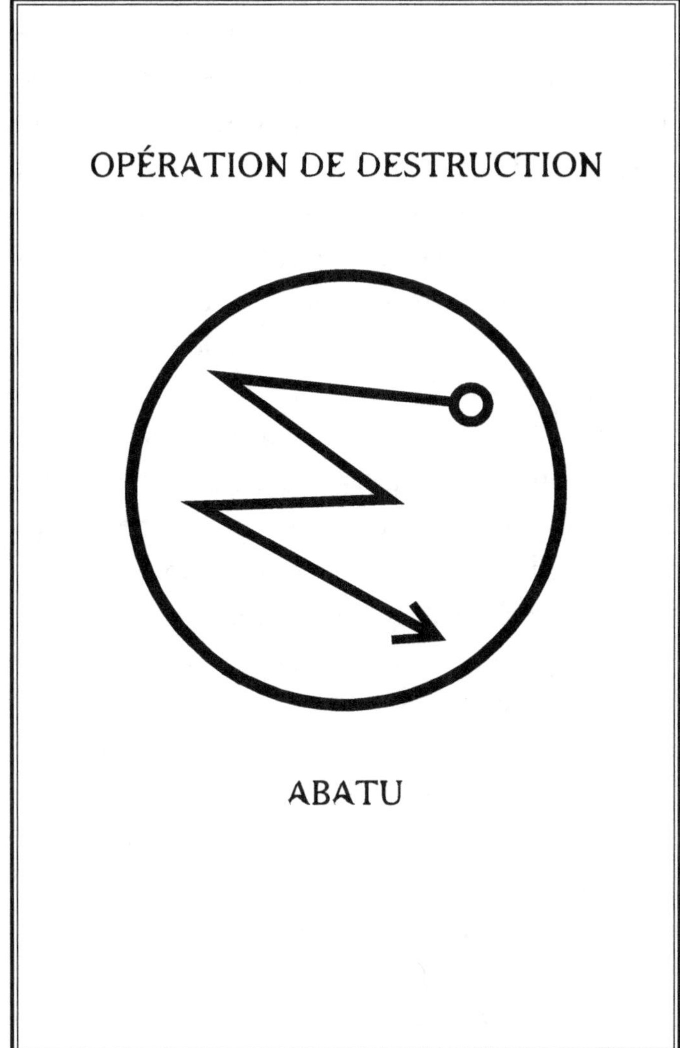

ABATU

ABATU est la terrible et redoutable puissance derrière tous les actes de destruction, de guerre et d'anéantissement. Tout ce qui existe et ne doit plus exister, tout ce qui est et ne doit plus être, est régit par cette Force Primaire.

Elle provoque et gagne les guerres, elle met un terme aux conflits. Dans le sens opposé, elle provoque l'animosité et la méfiance là où jadis régnait la bonne entente. Cette Force crée les effusions de sang, les courroux, la hargne, la dissolution, provoque la peur, la crainte des autres, putréfie la confiance personnelle, apporte la ruine, le désastre et extermine les ennemis du Prêtre. ABATU est le nerf de la guerre, de l'attaque et de la défense et ce, à tous les points de vue.

On utilisera aussi cette puissance pour relâcher les Enfers sur ceux que l'on veut nuire, pour molester les mécréants et détruire ceux qui nous ont blessés et causé du tort; afin de lever les démons nocturnes et les MASKIMS ou pour faire souffrir, tourmenter et *terminer* ceux que l'on déteste. Cette Force agit autant comme une lame effilée pour conquérir, terrasser et tuer qu'elle protège tel un solide bouclier parant les coups mortels des ennemis.

OPÉRATION DU SUCCÈS
LITUM

Litum est la Force Primaire qui pave la voie du succès et couronne toutes les entreprises personnelles. Nombreuses sont les réalisations possible grâce aux Esprits et Créatures de ce courant magique ; que la cause soit l'obtention d'un emploi ou d'un poste haut placé, pour obtenir les faveurs des gouverneurs, des politiciens ou des rois, pour faire prospérer une entreprise, favoriser le commerce et les commerçants, trouver et gagner de l'argent, obtenir l'aisance financière et se défaire de ses dettes, pour entreprendre et compléter des études, œuvrer sous des vents favorables, obtenir de la chance, pour des percées dans les projets scientifiques ou encore trouver un remède dans le secteur de la recherche. Litum apporte l'inspiration et déblaie les obstacles du chemin menant au succès de toute démarche personnelle.

OPÉRATION D'INVISIBILITÉ

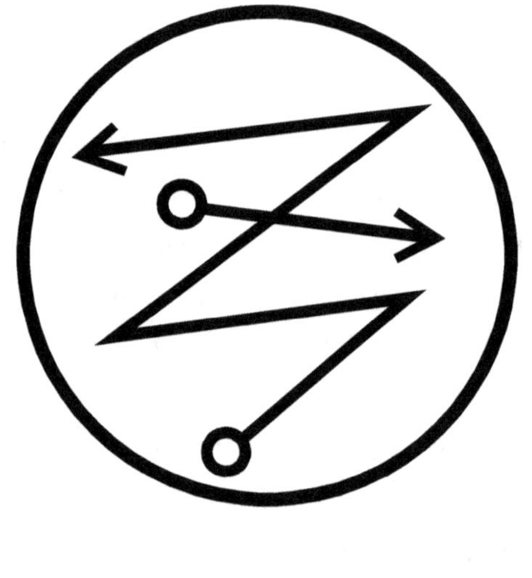

ULIGICI

Uligigi est la Force par laquelle le Prêtre pourra se soustraire à la vie; pouvoir par lequel il sera en mesure de littéralement *disparaître* de sorte de ne puisse plus être importuné par les soucis de la vie mondaine. L'invisibilité conférée par cette magie chassera les tourments et les remplacera par un profond sentiment de paix intérieure. Cette puissance apporte le calme et la sérénité, chasse et fait dévier les mauvaises énergies et les sorciers aux bas meurs; elle repousse les démons, les Entités du mal et les Esprits frappeurs en raison que le Prêtre, momentanément évadé de leur emprise, ne pourra plus être tourmenté. Par ailleurs, cette Force chasse les démons et le mauvais œil, brise les sortilèges et les malédictions ou, à tout le moins, accorde un répit à celui qui est envoûté. Uligigi n'est pas un bouclier de défense, mais plutôt une force d'évasion et de prévention... car qui peut frapper un ennemi qui n'est point visible?

OPÉRATION DE MORT

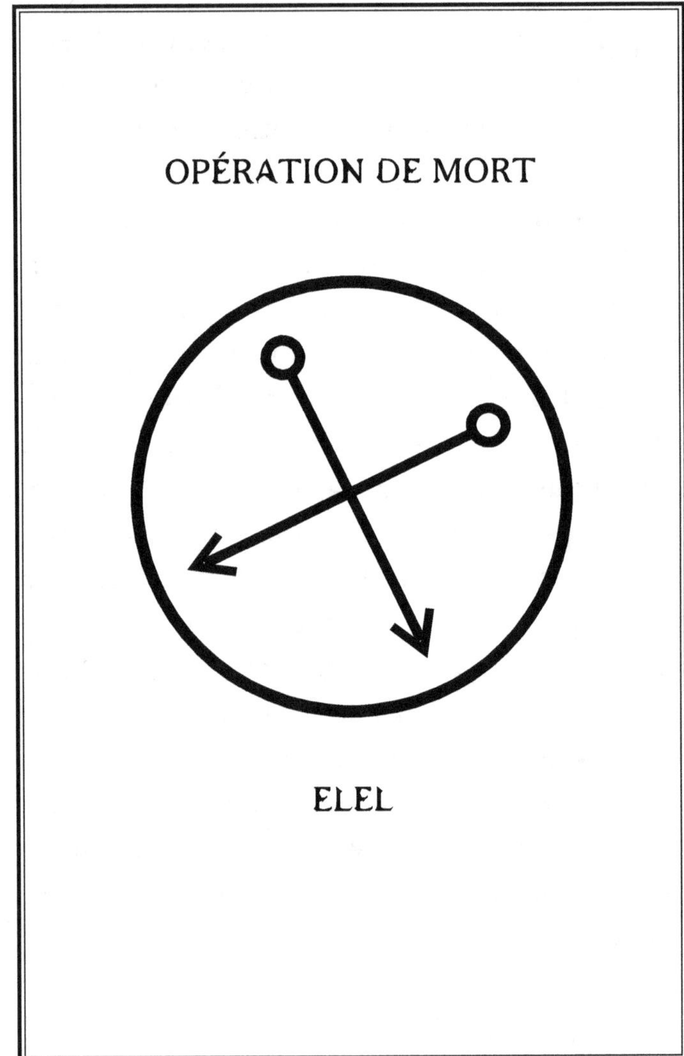

ELEL

ELEL est la Force Primaire pour les Opérations de Mort, de putréfaction et de Nécromancie. Force des cimetières et des terres stériles, le Prêtre se tournera vers cette puissance pour faire lever les cadavres et communiquer avec les défunts, pour s'entretenir avec les Esprits des Sphères invisibles et les démons nocturnes. Tout acte de spiritisme est régit par cette Force ; tout acte de magie noire impliquant les tombes, les cimetières et ses habitants, les larves suffocantes URUKU, les fantômes et les chimères, les spectres et les augures funèbres sont du ressort de ELEL. Cette puissance occulte est utilisée pour la divination, les séances de Ouija, l'écriture automatique, pour communiquer avec les âmes décédées, pour faire apparaître et interagir avec les coques habitées par les Élémentaux, pour la magie des zombies et tout ce qui a passé le trépas. Afin de connaître le jour et l'heure de sa mort, pour découvrir les secrets qui furent emportés dans la tombe et tout autre acte de Nécromancie, ELEL est le gardien du Portail du dernier repos et des éternels tourments par delà la tombe.

En somme, nous obtenons pour toutes les Opérations un symbole universel représentant les Forces Primaires en action.

Nous avons également cinq symboles pour chacune des Opérations magiques spécifiques ainsi que son mot de pouvoir. Ces mots proviennent de l'ancien Sumérien. Une langue aussi vieille que les plus reculée civilisations de la terre. Il est important d'utiliser la prononciation pour laquelle elle est destinée. Le secret de la réussite repose dans l'observation de toutes les règles de cet Art.

Il sera expliqué plus loin comment utiliser ces symboles sous forme de Sceaux de puissance. Ces derniers correspondront à l'une des trois phases essentielles de la triade rituelle, à l'un des trois actes : *paroles, symboles et gestes.*

PRÉPARATIONS PRÉLIMINAIRES

PARCE que vous désirez poursuivre avec la ferme intention de pratiquer les Opérations magiques de ce livre, vous devez en connaître les principes fondamentaux, autant pour votre propre sécurité que pour le bon fonctionnement des rituels. Ces bases, bien que peu nombreuses, sont les fondations essentielles des entreprises magiques liées à l'utilisation du grimoire. En conséquence, elles doivent être respectées à la lettre ; *ceci est extrêmement important.* Suivez les règles et vous obtiendrez assurément du succès. Contournez-les ou modifiez-les et attendez-vous au pire des désastres occultes. Œuvrer avec des Forces séculaires comporte un risque ; il vaut mieux mettre toutes les chances de votre côté.

Le Cercle

Les Opérations magiques doivent impérativement être pratiquées dans un espace protégé et clairement délimité afin qu'aucune Entité ne puisse faire du mal à l'opérateur ni le posséder. Contrairement à la croyance populaire, le cercle n'aura pas besoin d'être tracé avec une matière isolante comme le sel, ni même à être gravé en permanence sur le sol ; l'expérience démontre qu'il s'avère suffisant de le former *physiquement* avec un écheveau de laine, puis de le tracer *psychiquement* à l'aide de la main droite, laquelle tiendra la Dague de l'Art.

Dans sa plus simple expression, le Cercle de l'Art sera construit à l'aide d'un cordon de laine de couleur violet foncé ou noir. Étalez le cordon sur le sol de manière à obtenir un cercle assez grand pour être en mesure d'y prendre place sans être restreint dans vos mouvements et nouez les deux extrémités pour fermer le circuit et compléter la forme. Trois bougies violet foncé ou noires seront ensuite disposées en forme de triangle inversé, comme cela est démontré sur le schéma. Vous pendrez place au centre du Triangle, face au Nord, lorsque viendra le temps de pratiquer le Rituel.

Vous placerez également à l'extérieur du Triangle vos deux Sceaux magiques, soit celui des Forces Primaires et celui correspondant à l'Opération que vous aurez choisie.

Comme cela fut précédemment mentionné, vous aurez à tracer ultérieurement le Cercle (de même que le Triangle) à main levée. Des explications complémentaires sur la manière de tracer le Cercle lors des Opérations magiques seront données dans le texte de la procédure rituelle.

Le Cercle des Opérations est comme suit :

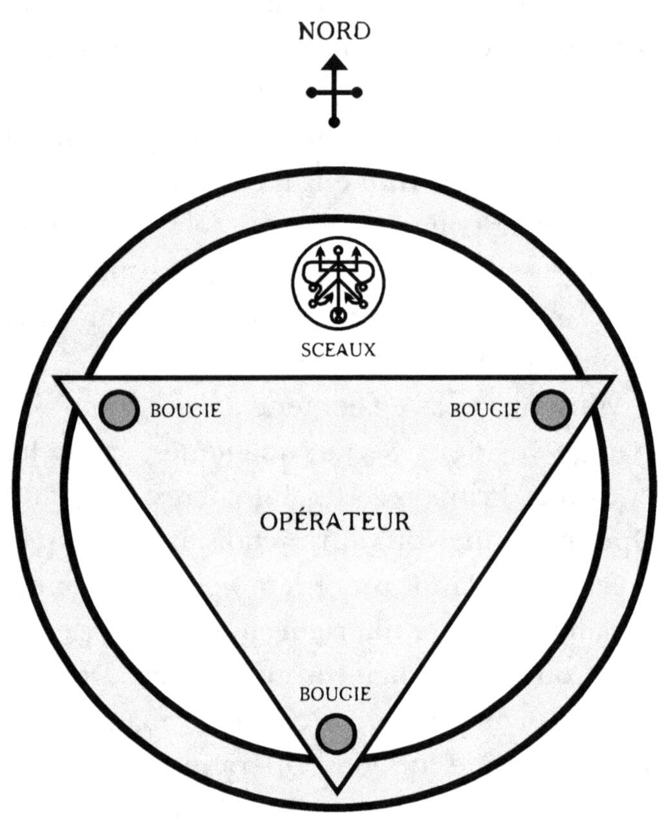

LE CERCLE DES OPÉRATIONS

La Dague de l'Art

La Dague sert à tracer le psychiquement les Cercles, à appeler les Forces Primaires et à diriger le pouvoir du Prêtre qui pratique les rituels du grimoire. Elle est tenue dans la main droite durant toute la durée des cérémonies magiques.

La Dague est une lame à doubles tranchants, idéalement en cuivre, sur laquelle seront inscrits, peints ou gravés les symboles des Forces Primaires et le nom et symbole du Dieu Sumérien ANU, *Celui qui est Céleste*. Les couleurs importent peu ; un manche violet foncé et des caractères gravés et recouverts d'une fine peinture noire serait idéal, mais un manche noir et des caractères blancs feraient tout aussi bien l'affaire et, possiblement chez plusieurs, cela évoquerait un choix plus traditionnel en raison de la popularité des pratiques modernes de sorcellerie. Quoiqu'il en soit, la seule règle à respecter ici c'est de marquer votre dague avec les *symboles* et les *noms* appropriés.

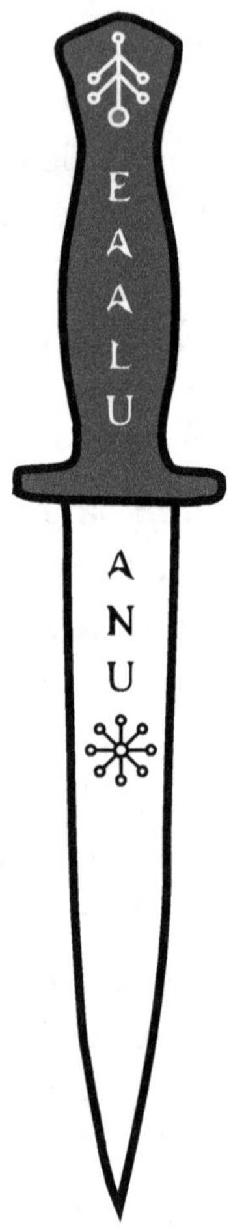

LA DAGUE DE L'ART

LES SCEAUX

Les Sceaux à utiliser sont au nombre de deux pour tous les rituels du grimoire. Le premier est le symbole représentant les Dieux Anciens, les Forces Primaires. Immuable, il est employé en toute circonstance, pour tous les rituels et agit, en quelque sorte, en guise d'autel et de réceptacle pour les Forces éveillées par les appels et les supplications. Puisqu'il est constamment réutilisé, une ancienne pratique consistait à graver les symboles sur une tablette d'argile ou de pierre et de le conserver en permanence dans le Cercle, prêt à l'emploi. À défaut d'utiliser ces matériaux résistants, un morceau de parchemin vierge et une encre de couleur violet foncé ou noire fera l'affaire. S'il fallait que le Seau en vienne à être endommagé au terme d'un rituel, un nouveau aura alors à être confectionné. Ceci dit, il est préférable d'en fabriquer un et de le laminer, par exemple, afin de toujours utiliser le même. Il fera partie de votre arsenal d'outils magiques.

LES SCEAUX

Le second Sceau correspond à l'une des cinq Opérations magiques et sera dédié spécifiquement pour un rituel en particulier. Son usage est donc unique puisqu'il sera détruit au terme de l'Opération. Toutefois, une même Opération magique peut s'échelonner sur plusieurs nuits, comme dans le cas d'un long et puissant envoûtement. À ce moment-là, le Sceau sera conservé pour toute la durée de la procédure et on le brûlera seulement à la conclusion de la dernière cérémonie. C'est pour cette raison que ce dernier sera préférablement fabriqué d'un morceau de parchemin vierge et tracé avec une encre de couleur violet foncé ou noire.

Veuillez noter qu'il est possible de modifier les Sceaux des Opérations en y ajoutant le nom du bénéficiaire, dans le cas d'un rituel qui se veut bénéfique ou celui de la victime, lors d'un rituel d'attaque et de vengeance. On peut aussi y inscrire deux noms comme dans le cas des charmes d'amour ou sexuels ; dans ce cas-là il s'agirait des noms des deux personnes à unir.

Finalement, le Sceau pourra aussi être confectionné à partir de cire à laquelle un échantillon appartenant à la personne visée (bénéficiaire ou victime) y serait incorporé. Un Sceau fabriqué de la sorte deviendrait plus personnalisé et aurait effet de décupler sa puissance suggestive et sympathique.

Les Signes de Puissance

Les signes de puissance sont au nombre de quatre. Utilisés pendant les rituels, ils seront toujours formés de la main gauche. Ils correspondent au troisième point d'importance de la triade magique : *les gestes*.

Le Premier signe est celui de Voor. Il est le signe des Dieux plus Anciens ; il est principalement utilisé lors des supplications portées vers les Forces Primaires qui patientent de l'autre côté des Portes Célestes.

Le second signe est celui de Kish. Il est employé pour ouvrir les Portails à travers

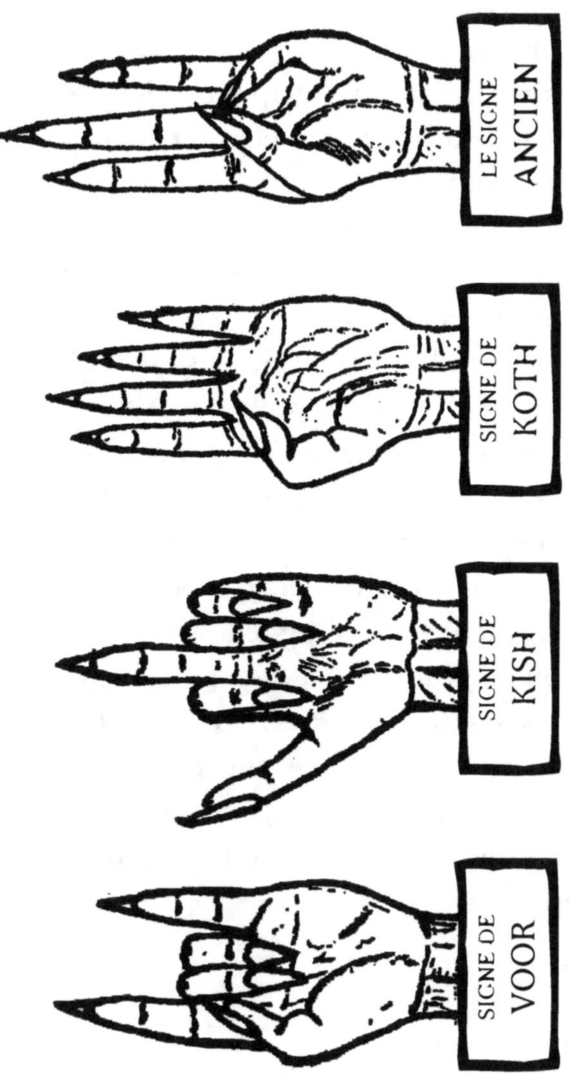
LE SIGNE
ANCIEN

SIGNE DE
KOTH

SIGNE DE
KISH

SIGNE DE
VOOR

les Dimensions. Lors des appels aux Forces Primaires, pour les précipiter et leur faire traverser le Seuil de notre plan d'existence, ce signe sera approprié.

Le troisième signe est celui de Koth. C'est le signe par lequel le Prêtre garde, surveille et protège les Portails Célestes et conserve un scellé sur les Seuils entre la Dimension des hommes et celle des démons, des Entités et des Dieux.

Le quatrième signe est celui des Dieux plus anciens. C'est le signe par lequel le Prêtre peut se protéger la nuit lors des pratiques rituelles. Lorsque des Entités non évoquées viennent menacer le Prêtre, ce signe les chassera de l'environnement immédiat du Cerce magique.

Il est conseillé au Prêtre d'ouvrir les Portails et d'évoquer les Forces Primaires ainsi: par Voor, on supplie; par Kish, on ouvre la voie aux Entités; par Koth, on referme la Porte Céleste.

Où et quand œuvrer

Les rituels se doivent d'être pratiqués autant que possible lorsque le Soleil se sera retiré pour la nuit. Œuvrer sous le couvert des étoiles est un moment propice pour les Forces anciennes et les Entités évoquées par ce grimoire. Il est néanmoins permis d'opérer en plein jour, notamment dans le cas d'un besoin urgent nécessitant une action immédiate. Mais autant que possible, faites les Opérations de nuit, là où la puissance des rituels sera la plus élevée.

Les Opérations de vengeance et de haine, d'attaque et de défense seront pratiquées lors d'une Lune décroissante. Pour les rituels d'amour, les enchantements de succès et toutes les causes bénéfiques, celles-ci seront faites sous les auspices d'une Lune croissante. Quant aux opérations Nécromantiques, elles peuvent être pratiquées en croissance ou décroissance lunaire, selon la nature de l'Opération ; celles-ci seront éminemment efficaces lors d'une Lune Noire. Quant à la Pleine Lune, elle est consi-

dérée comme un temps pour les œuvres bénéfiques.

Sachez qu'il est impératif que vous puissiez
œuvrer dans un endroit où vous êtes certain
que jamais vous ne serez dérangé d'aucune
manière ; qu'il s'agisse d'une pièce de votre demeure entièrement dédiée à votre magie ou à
l'air libre, dans un boisé une forêt isolée, un
cimetière ou une église abandonnée, peu importe l'endroit, faites en sorte que personne ni
aucune âme qui vive ne puisse venir vous sur-
prendre en pleine évocation démoniaque. Ce
serait pour vous tous une tragique fatalité. En
effet, car les Forces ainsi évoquées pourraient se
ruer et investir toute personne se trouvant dans
l'environnement immédiat du rituel en cours.

MISE EN GARDE

Ce grimoire de magie est une arme puissante et redoutable car il fait appel à des Forces indicibles, démoniaques et très anciennes. Mais tout comme de la poudre à canon entre des mains incertaines, il en faut souvent très peu pour obtenir un scénario d'horreur et de voir une cérémonie magique tourner en tragédie. Cher Prêtre, si vous désirez pratiquer les Opérations de ce livre, si vous souhaitez tout faire pour parvenir à vos fins, peu importe quel en sera le prix à payer, car tôt ou tard il y en aura un, sachez vous préparer convenablement et respectez les règles de l'Art.

On entend souvent ces drames concernant des personnes ayant vécues de graves mésaventures suite à l'utilisation d'une simple planche de Ouija; comment leurs vies ont basculées, comment elles sont devenues de vrais calvaires... Eh bien ceci n'est en rien comparable à l'enfer que les Forces de ce livre sont en mesure de vous faire subir et endurer; elles peuvent même vous posséder si vous ne vous pliez guère aux principes de ce système de magie.

Suivez scrupuleusement toutes les indications et vous serez capable de mener les Opérations en toute sécurité. Car vous éloigner un tant soit peu du chemin, sortir malencontreusement du cercle en plein rituel, cela serait synonyme de courir droit à votre perte. Malheureusement, ce ne sont pas des blagues; cette magie est sérieuse. De grâce, soyez prudent et demeurez vigilant afin de minimiser tous les risques possibles.

LE RITUEL

Étape Première

Dans votre espace de travail, après avoir observé que la phase lunaire correspondait à la nature de votre Opération, commencez par délimiter le Cercle magique avec votre écheveau de laine. Un cercle d'environ 1.5 à 2 mètres de diamètre est généralement amplement suffisant. Placez ensuite trois bougies en forme de triangle, une à l'Ouest, une à l'Est et la dernière au Sud, comme il fut expliqué précédemment. Déposez finalement votre Sceau des Forces Primaires à l'extérieur du triangle, face au

Nord. Le second Sceau, lui, sera conçu pendant le rituel, et non avant. Ayez donc avec vous un second morceau de parchemin et votre encre. Vous êtes maintenant prêt à tracer le Cercle magique.

Étape Seconde

Votre dague en main, faites face au Nord et pointez le sol où se trouve délimité le Cercle par le cordon de laine. Prenez trois profondes inspirations et visualisez qu'une lumière sombre de couleur violette jaillit de la pointe de la dague. Imaginez que ce jet est aussi brillant qu'un rayon laser ; entendez le sol crépiter alors que vous dirigez cette lumière ; ce bruit ressemble à celui du cèdre que l'on jette au feu. Puis, tournez sur vous-même [dans le sens des aiguilles d'une montre si vous œuvrez en Lune croissante — dans le sens contraire si vous œuvrez en Lune décroissante] pour effectuer trois fois tout le tracé du Cercle. Ce faisant, psalmodiez ces mots et répétez-les tant que vous n'aurez complété trois tours complets :

KADINGIR ASRU EMUQ KISHPU.

ÉTAPE TROISIÈME

Le Cercle étant complété, faites le signe de VOOR, puis allumez les bougies et prenez place au centre. Avec votre encre, tracez sur un morceau de parchemin vierge le Symbole de l'Opération magique pour laquelle vous faites ce rituel, tout en répétant constamment son mot de pouvoir d'une voix grave et neutre. Lorsque vous aurez terminé, votre Sceau sera prêt à l'emploi. Placez-le par-dessus celui des Forces Primaires et faites dessus le signe de VOOR.

Étape Quatrième

Il est temps d'ouvrir le Portail entre les Dimensions et de laisser le passage aux Êtres anciens. Prenez trois profondes inspirations tout en fixant le Sceau. Levez ensuite la dague haut dans les airs tout en faisant le signe de Kish de l'autre main.

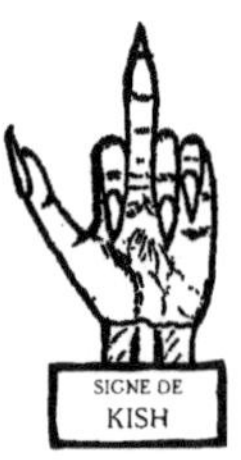

Maintenez cette position, les deux bras en l'air, et récitez l'incantation suivante :

Zi Kia Kanpa,
Zi Anna Kanpa,
Alka Ina Kalu Kibrat Erbettim :
Alla Xul,
Dingir Xul,

Gigim Xul,
Gidim Xul,
Maskim Xul,
Mulla Xul,
Utuk Xul,
Akhkharu,
Alal,
Gelal,
Idimmu,
Kashshaptu,
Lalartu,
Lalassu,
Litit,
Telal,
Uruku,
Alka Ati Me Peta Babka !
Alka Ma Nadanu Annu Kishpu Emuq !
Semu Anu Labiru Ilu !

Étape Cinquième

L'appel aux Forces Primaires a été lancé.

Il est maintenant important de demeurer le plus calme possible. Ne soyez pas effrayé par les bruits et les ombres furtives ou toute les distractions étranges qui pourraient survenir. Souvenez-vous que vous tentez d'éveiller des Forces anciennes, des Dieux anciens ; il est rare que ceux-ci ne répondent aux incantations sans briser le silence ni fracas.

Concentrez-vous de toutes vos forces sur le but ultime de votre Opération magique. Regarder votre Sceau avec une profonde intensité. Ce dernier brille d'une aura lumineuse. Visualisez-vous dans les bras de votre bien-aimé ou les poches pleines d'argent, imaginez votre pire ennemi vous fuir dès qu'il vous aperçoit, voyez-vous à son enterrement, etc. *Il est important de bien vous représenter votre souhait comme s'il était déjà manifesté.*

Communiquez ainsi votre pensée aux Entités évoquées. Pendant toute la durée de votre imagerie mentale, vous maintiendrez votre dague en main, la pointant en permanence en direction du Sceau.

Lorsque votre concentration commencera à faiblir, de préférence après un temps d'au moins 30 minutes d'intense visualisation, il sera temps de conclure le rituel.

Étape Sixième

Prenez le Sceau de l'Opération et brûlez-le dans la flamme de la bougie qui se trouve derrière vous en disant :

Qu'il en soit ainsi.
Puisse ma volonté être faite !

Ce dernier acte conclu votre Opération magique. Il est temps d'effectuer le renvoi, de refermer le Portail entre les Dimensions afin de retourner les Entités dans leur propre Sphère d'existence. Cette phase est cruciale.

Levez la dague haut dans les airs tout en donnant le signe de Koth et psalmodiez la formule de fermeture ainsi :

ZI DINGIR KIA KANPA,
ZI DINGIR ANNA KANPA,
ALKA ATI ME PETA BABKA !
ALKA MA NADANU ANNU KISHPU EMUQ !
SEMU ANU LABIRU ILU !

ÉTAPE SEPTIÈME

Éteignez les bougies avec la pointe de la dague. Récupérez le Sceau des Forces Primaires et conservez-le dans un endroit sûr, loin des regards profanes, jusqu'à la prochaine occasion. Quittez silencieusement les lieux et n'y retournez pas avant un minimum d'une heure. Le Rituel est complété.

LE COMMENTAIRE

Vous voilà au fait d'une nouvelle facette rituelle du légendaire NECRONOMICON. Il en existe plusieurs, certes, mais celle-ci est l'un des plus pratiques et des plus simples à mettre en œuvre. Il en existe plusieurs autres plus complexes qui permettent d'ouvrir des Portails dimensionnels afin de marcher entre les gouffres et les étoiles ou encore d'évoquer les Globes. Mais ceci sera pour une prochaine fois. Les Forces auxquelles vous demandez le pouvoir et les richesses, la destruction et la réussite, sont des Êtres appartenant à un passé très lointain. Ce sont des Dieux, ni plus ni moins, qui ont foulé la Terre à un moment dans la ligne du temps où l'homme n'était pas encore créé. Vous comprenez maintenant pourquoi ce sont des Forces dangereuses, mais plus encore, pourquoi elles sont puissantes, terribles et promptes à agir pour celui qui connaît les *paroles*, les *symboles* et les *gestes*.

AUM. HA!
LAMASHTAH KAKAMMU SELAH!